MÉMOIRE

SUR LA

BIBLIOTHÈQUE ROYALE.

Voy. Constitutionnel 19 juin 1836.
Impartial. 21 juin.
Journal des Débats. 5 juillet.
Journal des Beaux arts de la littérature. 2e année, p. 324.

MÉMOIRE

SUR LA

BIBLIOTHÈQUE ROYALE,

OU L'ON INDIQUE LES MESURES A PRENDRE POUR LA TRANSFÉRER
DANS UN BATIMENT CIRCULAIRE, D'UNE FORME NOUVELLE, QUI SERAIT CONSTRUIT
AU CENTRE DE LA PLACE DU CARROUSEL ;

CETTE BIBLIOTHÈQUE CONTIENDRAIT 800,000 VOLUMES;

ELLE SERAIT INCOMBUSTIBLE, D'UN SERVICE ET D'UNE SURVEILLANCE FACILES; TOUS LES LIVRES SERAIENT
RENFERMÉS SOUS DES CHASSIS VITRÉS, ET ACCESSIBLES AU MOYEN
DE GALERIES ET ESCALIERS EN FER ;

Elle n'occuperait que 1,900 toises carrées, et pourrait être entièrement terminée dans trois ans, pour la
somme de 8 millions ; elle ne coûterait rien à l'Etat ; les terrains et maisons occupés
par la bibliothèque actuelle étant d'une valeur égale.

AVEC DEUX PLANCHES.

PARIS

IMPRIMERIE DE HENRI DUPUY,

RUE DE LA MONNAIE, 11.

1835

MÉMOIRE

BIBLIOTHÈQUE ROYALE.

Une idée nouvelle, quoique très-simple, sur une disposition particulière à donner à la forme des bâtimens destinés à recevoir de grandes bibliothèques, me paraît présenter des avantages si évidens, que je crois devoir communiquer le résultat de mes recherches à cet égard *.

Ces avantages consistent en ce que ces bibliothèques exigeraient beaucoup moins d'espace, qu'elles seraient d'une construction prompte et économique, et que le service et la surveillance en seraient faciles et commodes.

---

* J'ai été à même d'étudier la meilleure disposition à donner à des bibliothèques, m'étant occupé, depuis plusieurs années, à en former une spéciale pour la partie de l'histoire naturelle, qui comprend les livres les plus coûteux et les plus difficiles à se procurer, et qui est actuellement la plus complète dans ce genre qui soit à Paris. (Voir à ce sujet le discours de M. Arago à la Chambre des Députés, le 31 mai 1833; les *Archives de Botanique*, T. Ier, p. 466, et le rapport d'une commission nommée pour examiner la bibliothèque de M. Cuvier, où il est dit : *qu'il en existe une à Paris, celle de M. Benjamin Delessert, qui supplée, pour cette partie, à la pauvreté des dépôts publics*).

Tout ce que l'on peut désirer à cet égard se trouve réuni dans la disposition circulaire du bâtiment, ou ce qu'on appelle la forme *panoptique*. Les conservateurs et les lecteurs seront placés au milieu d'une vaste rotonde où viendront aboutir huit grandes galeries. Ces galeries seront formées par des murs disposés en rayons divergens, et des deux côtés de ces murs seront placés des corps de bibliothèque.

On conçoit facilement que cette disposition permettant de profiter des deux côtés des murs pour y mettre des livres, on peut en placer deux fois plus ; que les livres seront plus rapprochés du centre, ce qui en rendra le service et la surveillance plus faciles ; que cette surveillance sera complète, puisque le chef ou conservateur de la bibliothèque, installé au milieu de la rotonde, verra d'un coup-d'œil l'extrémité de toutes les galeries, et toutes les personnes qui y circuleront.

Cette forme circulaire permettra de placer 800,000 volumes dans un espace de 1,900 toises carrées.

D'autres dispositions accessoires rendront le bâtiment incombustible : la pierre, le marbre, le fer, la poterie, le zinc, seront les seuls matériaux employés ; l'édifice pourra être chauffé par la vapeur provenant d'un bâtiment isolé. Chaque salle sera partagée dans sa hauteur par quatre galeries légères en fer.

Tous les corps de bibliothèque ou armoires vitrées n'auront que 6 pieds de hauteur, afin que l'on puisse ôter et remettre les livres sans échelles mobiles et sans marche-pieds. On y parviendra par des escaliers tournans, en fonte, placés derrière les colonnes de la rotonde.

Tous les livres seront à l'abri de la poussière, et dans des armoires fermant à clef.

La dépense totale de cette vaste construction n'excèdera pas la somme de 8 millions, au lieu de celle de 26 millions dont on avait parlé aux Chambres en 1833.

Enfin cette belle entreprise ne coûtera rien à l'État, puisque les bâtimens actuels occupés par la Bibliothèque royale rue Vivienne, rue Richelieu et rue Neuve-des-Petits-Champs, placés dans le plus beau quartier de la capitale, sont évalués à une somme égale.

En prenant des arrangemens avec plusieurs entrepreneurs, il sera facile d'en terminer la construction dans l'espace de trois ans.

Pour apprécier les grands avantages présentés par ce plan, il faut entrer dans quelques détails sur le nombre actuel des volumes de la Bibliothèque royale, sur leur nombre futur, sur l'emplacement à adopter et sur la dépense que cela occasionnera.

On a toujours cherché à augmenter l'importance des grandes bibliothèques en exagérant le nombre des volumes qu'elles renferment.

Ceux qui seraient curieux de faire des recherches à ce sujet pourront consulter les ouvrages de MM. Barbier, Bailly, Beuchot, Blume, Dibdin, Ebert, Malchus, Petit-Radel, Wilkin et de beaucoup d'autres; on trouvera surtout dans un ouvrage récemment publié par M. Balbi (*Essai statistique sur les Bibliothèques de Vienne*), des détails fort intéressans.

Pour donner une idée de l'exagération que l'on met en parlant de ces bibliothèques, nous indiquerons qu'on a donné :

A la Bibliothèque royale,

à Paris,	900,000 vol.	Gottingue,	300,000 vol.
Celle de Madrid,	200,000	Munich,	600,000
Vaticane, à Rome,	1,000,000	Copenhague,	500,000
Bologne,	200,000	Oxford,	700,000
Berlin,	400,000	Petersbourg,	300,000 *
Vienne,	280,000		

Ce n'est pas ici le lieu de relever ce que ces évaluations ont évidemment d'exagéré. Nous ne pouvons cependant nous empêcher de citer ce

---

* On sait que ce n'est pas le nombre des livres qui fait le mérite d'une bibliothèque. Celle du duc de La Vallière, la plus belle qu'on ait jamais mise en vente et qui a produit 464,000 fr. , ne contenait que 5,660 articles : un seul volume, *la Guirlande de Julie*, a été vendu 14,000 fr.

que dit M. Balbi des archives de Venise, qui renferment dans 298 salles le nombre incroyable de 8,664,709 volumes ou cahiers. Ainsi, d'après son calcul (p. 120), si toutes les feuilles étaient mises à la suite les unes des autres, elles pourraient faire onze fois le tour du globe!

Nous ne nous arrêterons pas à discuter ces chiffres; mais nous allons tâcher d'évaluer d'une manière approximative les livres de la Bibliothèque royale.

On a beaucoup varié sur le nombre des volumes qui y sont renfermés.

M. Barbier l'évaluait, en 1805, à   200,000 vol.

MM. Ebert, Petit-Radel et Boismarsas,   350,000

MM. Bailly et Villenave, et la Revue britannique,   450,000

M. Malchus,   500,000

MM. Bisinger et André,   800,000

M. Schnabel,   de 500,000 à 900,000

non compris les manuscrits.

Le savant M. Van Praet, en 1791, s'était donné la peine de les compter un à un, et il avait trouvé 152,000 volumes, dont 23,000 in-fol., 41,000 in-4°, et 88,000 in-8° et in-12.

Depuis cette époque le nombre a dû en augmenter considérablement.

Aussi MM. Van Praet et Demanne, conservateurs actuels, assurent qu'en 1822 la Bibliothèque royale possédait 450,000 volumes et autant de brochures, qu'on pouvait évaluer à 50,000 volumes; ce qui ferait en tout 500,000 volumes.

D'après les calculs de M. Balbi (p. 77), les acquisitions faites depuis lors ont dû porter le nombre total à 700,000 volumes. M. Guizot, ministre de l'instruction publique, a annoncé à la Chambre des députés (séance du 31 mai 1833) que la Bibliothèque royale contenait 627,000 volumes; M. Arago assurait le même jour qu'il n'y en avait que 350,000 classés.

Enfin le budjet de 1836 (p. 335) évalue ce nombre à 700,000 volumes imprimés, et 80,000 manuscrits.

On a lieu de s'étonner que l'on n'ait pas cherché à s'assurer de ce nombre d'une manière précise; rien n'est cependant plus facile. On peut compter 1,000 volumes dans dix minutes; une seule personne peut donc en compter 30 à 40,000 par jour. Dans peu de jours, les employés de la Bibliothèque pourraient en avoir le compte exact, en distinguant même les livres brochés, les in-fol., les in-4°, etc. On peut aussi recourir à un moyen encore plus prompt pour évaluer le nombre approximatif des livres d'une bibliothèque, en estimant combien de volumes sont compris dans un espace donné, comme par exemple, une toise carrée; nous trouvons pour *terme moyen :*

Qu'une toise contient 120 volumes in-fol., ou 200 in-4°, ou 400 in-8° et in-12.

D'après la proportion reconnue par M. Van Praet, et le petit nombre de livres in-fol. qu'on imprime, on peut évaluer à 250 volumes le nombre moyen de livres dans une toise carrée; ce calcul est conforme à celui de M. Thiers, qui l'évaluait à 60 par mètre carré (31 mai 1833); la hauteur de la bibliothèque étant de 4 toises, chaque toise courante peut renfermer 1,000 volumes, bien entendu sur un seul rang.

Les différentes salles de la Bibliothèque royale ne comportent qu'un développement d'environ 300 toises; cela annonce 300,000 volumes rangés; mais il faut doubler ce nombre, parce que la plupart des petits formats sont sur deux rangs, et qu'il y en a un grand nombre dans des greniers.

Nous évaluerons donc à 600,000 vol. la totalité des livres qui y sont actuellement; mais l'accroissement annuel doit être porté à 12,000 volumes. Ce qui fera 120,000 volumes à ajouter tous *les dix ans.*

Je pense donc que l'on doit s'occuper à placer 800,000 volumes sur *un seul rang*, et c'est sur cette base que les projets de bibliothèque doivent être établis.

Il paraît convenable d'entrer ici dans quelques développemens sur l'emplacement actuel de la Bibliothèque royale, et sur ceux où l'on a proposé de la transférer.

Depuis la loi du 10 juillet 1822, qui avait prononcé la réunion des bâtimens de la Trésorerie à ceux de la Bibliothèque, elle a été isolée de trois côtés, et sa superficie augmentée de 1200 toises.

Elle occupe actuellement un vaste terrain situé entre les rues Richelieu, Neuve-des-Petits-Champs et Vivienne; elle a la forme d'un carré long, dont 100 toises donnent sur la rue Richelieu, 50 sur la rue Neuve-des-Petits-Champs, et 60 sur la rue Vivienne, ce qui fait en tout 4,200 toises carrées.

Elle n'est pas isolée sur la quatrième face, ce qui est un grand inconvénient en cas d'incendie.

Depuis plusieurs années on avait commencé à bâtir une aile sur la rue Vivienne; mais les fonds accordés sur cette somme ont été bientôt épuisés, et les 300,000 francs dépensés n'ont servi qu'à élever une portion de murs et quelques piliers abandonnés depuis deux ans, et qui ne présentent que le triste aspect de *jeunes ruines;* c'est ce qui a engagé dernièrement le gouvernement à autoriser la construction de boutiques en planches le long de la rue Vivienne.

L'emplacement occupé par la Bibliothèque royale étant de plus de 4,000 toises, serait bien suffisant pour lui donner tous les développemens possibles, ainsi que le disait M. Arago (31 mai 1833); mais ce quartier, étant devenu trop bruyant, paraît plus adapté au commerce et aux affaires qu'à l'étude; on a donc cherché un autre local : on avait d'abord pensé au bâtiment du quai d'Orsay; mais n'ayant que 2,000 toises carrées, il ne pouvait suffire; ensuite à celui de la rue Belle-Chasse, qui a 7,000 toises carrées, mais il a paru trop éloigné du centre de la capitale.

Le gouvernement avait demandé, le 9 avril 1833, dans son projet de loi sur les travaux publics à continuer ou à entreprendre, qu'il fût accordé une somme de 6 millions pour les bâtimens de la Bibliothèque royale; mais la commission de la Chambre des députés n'approuva pas ce plan, et elle proposa, par l'organe de M. Bérigny, son rapporteur, d'affecter un fonds de 18 millions, qui aurait été remis à la liste civile pour l'achèvement et la réunion du palais du Louvre et des Tuileries, et pour la construction d'une nouvelle bibliothèque.

Ce projet fut vivement appuyé par MM. Thiers, Teste, Laborde, Marmier, Kératry, Viennet, Vivien et Bérigny, et combattu par MM. Charlemagne, Arago, Lherbette, Baude, Dulong et Jousselin; et en définitive le 3 juin 1833, la Chambre rejeta le projet et décida, à la majorité de 162 voix contre 150, *qu'il serait ultérieurement statué par une loi spéciale sur les dépenses à faire pour la reconstruction de la Bibliothèque royale.*

La majorité de la Chambre s'était décidée à l'ajournement, parce qu'on regardait la proposition comme inconstitutionnelle, que la dépense paraissait énorme, que l'on n'avait aucune garantie que la somme demandée suffirait, et enfin parce que les plans n'avaient point été assez étudiés.

On fut néanmoins à peu près d'accord sur les avantages que présentait l'emplacement de la place du Carrousel, parce qu'il est central, rapproché du Musée, et qu'il était à désirer qu'on pût terminer et embellir le Louvre et les Tuileries, en adoptant un moyen qui corrigerait le défaut de parallélisme entre ces deux palais.

Le gouvernement vient dernièrement de nommer une commission [*] d'hommes éclairés pour examiner à fond cette question, et nous croyons devoir lui soumettre les avantages que présente la forme circulaire sous le rapport du terrain nécessaire et de la facilité du service.

En supposant que la bibliothèque doive contenir 800,000 volumes, et en prenant pour base l'évaluation de 1,250 volumes par toise courante, si on

---

[*] Cette commission est composée de MM. Sylvestre de Sacy, président; le comte Mounier, Guizard, De Sade, Passy, Gay-Lussac, Cochin, Legentil, Grillon, Visconti, Letronne, et Herbet, secrétaire.

la plaçait dans une galerie transversale il faudrait qu'elle eût 450 toises de longueur, parce que le côté des fenêtres ne peut compter que pour moitié. Or la place du Carrousel n'ayant que 150 toises de large, il faudrait donc trois galeries transversales.

Mais si l'on construit quatre galeries autour d'un carré long, il faudra que ces galeries aient 150 toises de deux côtés et 75 des deux autres ; cela exigera alors un emplacement de 11,250 toises, ou 11 arpens, et cela prendra une portion beaucoup trop grande de la place du Carrousel, qui, entre le Louvre et l'Arc de Triomphe, n'a que 150 toises sur 200.

Par contre, un bâtiment circulaire de 40 toises de diamètre n'occupera qu'un terrain de 1,900 toises carrées ; il aura 120 toises de circonférence. La rotonde ou coupole aura 10 toises de diamètre ; huit grandes galeries de 4 toises de largeur sur 15 toises de long viendront y aboutir. Ces galeries seront subdivisées, en s'éloignant du centre, par huit autres galeries de 10 toises, et encore plus loin par seize autres galeries de 5 toises de longueur. On placera de grandes colonnes à l'entrée des galeries ; trente-deux escaliers tournans, en fonte, serviront à monter sur quatre rangs de soupentes ou galeries, aussi en fonte, placées le long de chaque mur. Il y aura un rang d'armoires ou de châssis vitrés au rez-de-chaussée et quatre autres rangs desservis par les trente-deux escaliers. Ces châssis auront six pieds de hauteur et quatre pieds de longueur ; ils seront en fer.

On ne conçoit réellement pas la possibilité de construire une bibliothèque de 800,000 volumes dans la place du Carrousel si l'on n'adopte pas ce nouveau mode.

Parmi les nombreux projets présentés depuis le temps de Perrault, ceux où l'on plaçait une rotonde ou un cirque avaient le mérite d'embellir cette place d'une manière remarquable ; M. Baltard, dans le beau et grand travail qu'il a publié en 1810, a fait graver plusieurs plans avec un bâtiment circulaire dans le milieu, et on doit reconnaître qu'un vaste colysée entouré de colonnes et de portiques présenterait un très-beau coup-d'œil.

Le bâtiment que nous proposons n'ayant que 1,900 toises carrées, serait à peu près de la grandeur de la Halle aux Blés.

Quant à l'effet que produirait l'intérieur de ce bâtiment, quelques personnes préféreraient peut-être la forme habituelle d'un carré long, de galeries parallèles, ou en croix, comme la bibliothèque Sainte-Geneviève ou l'hospice des Incurables rue de Sèvres ; ou en forme de grille comme le palais de l'Escurial. Mais on peut assurer que des galeries partant d'une vaste rotonde entourée de colonnes et s'éloignant en rayons ou en étoiles, produiraient un effet magique ; nous en avons l'exemple dans plusieurs bâtimens qui y ont quelque rapport. Sans parler de la Halle-aux-Blés ni de la colonnade située dans un des bosquets de Versailles, on peut voir une disposition analogue dans l'église de la Salpétrière, bâtie par Libéral-Bruant, et qui fait honneur à cet architecte. Cette église a un dôme octogone de 10 toises de diamètre, percé de huit arcades, qui aboutissent à autant de nefs ou de galeries qui ont 14 toises de longueur.

On peut encore plus facilement se rendre compte de l'effet que produirait la bibliothèque circulaire en visitant *la galerie Colbert,* dont la rotonde présente une décoration noble, élégante et agréable ; que serait-ce si l'on donnait à cette rotonde et aux galeries qui y aboutissent les dimensions et les ornemens nécessaires ?

On ne peut mettre en doute l'immense avantage pour la surveillance, d'être placé au centre du bâtiment, dans une rotonde où aboutiront huit galeries qui seront consacrées à recevoir les grandes divisions de la bibliothèque. Chacune de ces huit divisions, faite pour contenir 100,000 volumes, pourrait recevoir la *Théologie,* la *Jurisprudence, l'Administration, le Commerce et les Finances,* l'*Histoire naturelle, les Sciences et Arts,* la *Littérature,* l'*Histoire,* les *Voyages.* Ces galeries seront subdivisées en cinquante - six parties égales. On trouve dans cet arrangement les avantages des bibliothèques spéciales réunis à ceux d'une bibliothèque générale ; et ce sera un vaste foyer où toutes les lumières intellectuelles et matérielles viendront aboutir.

Cette collection universelle de 800,000 volumes , quelque nombreuse qu'elle paraisse, sera cependant à la portée des lecteurs, car la plus grande distance pour aller chercher un livre sera de vingt toises, tandis que dans le système actuel de bâtimens carrés ou de galeries transversales , il y aura des distances de deux cent vingt-cint toises à parcourir , et comme il faudra aller et venir, on sera obligé , dans certains cas , de faire un chemin de quatre cent cinquante toises, ou près d'un quart de lieue ; à moins d'établir un chemin de fer, il sera difficile de se procurer les livres dont on aura besoin.

La dépense de cette nouvelle bibliothèque circulaire n'excèdera pas huit millions, si l'on emploie des moyens économiques que l'on indiquera.

On pourra être surpris d'apprendre que cette somme de 8 millions suffira pour achever ce vaste édifice, surtout lorsqu'on la compare à celle à laquelle on avait estimé les dépenses nécessaires pour terminer la Bibliothèque dans le local actuel. On avait dit, dans la séance du 31 mai 1833, qu'il faudrait pour achever la Bibliothèque une somme de

	14 millions ;
que la valeur actuelle des bâtimens était de	8
et qu'il en faudrait encore	4
pour acheter les maisons, rue Vivienne, nécessaires pour l'isoler entièrement.	
TOTAL.	26 millions.

Je n'entrerai pas, en ce moment, dans le détail des devis de maçonnerie, serrurerie, plomberie, vitrerie, peinture, etc., qui justifient la dépense de 8 millions. Je le ferais dans le cas où le système proposé serait adopté. On sera alors convaincu que la somme de 8 millions pourra suffire, et qu'elle sera couverte par la vente des terrains et bâtimens actuels, et qu'ainsi il n'en coûtera rien à l'État.

Un des avantages de cette forme circulaire est que toutes les parties se ressemblent : il y aura huit grandes divisions, chacune d'elles identiquement pareille aux autres *.

Si l'on veut élever promptement cet édifice, on en chargera quatre ou même huit entrepreneurs différens, qui travailleront en concurrence : les murs, les colonnes, les cintres, les escaliers, les galeries, les châssis vitrés, etc., seront tous pareils et pourront être terminés dans un court espace de temps; on devra étudier d'avance la meilleure forme à adopter pour chacun de ces objets, et il suffira ensuite de donner les modèles à un grand nombre d'entrepreneurs différens. Cette concurrence présentera des avantages incontestables pour l'économie et la promptitude de l'exécution.

On pourrait mettre en doute la possibilité de terminer cette grande entreprise dans l'espace de trois ans; cependant ce sera facile si on le veut, car il suffit de se rappeler que le théâtre de l'Opéra, à la Porte-Saint-Martin, construction compliquée et difficile, a été terminé entièrement en 75 jours, et les château, parc et dépendances de Bagatelle, en moins de 65 jours.

Quant à la décoration *extérieure* de la Bibliothèque et sa réunion avec le Louvre et les galeries latérales, soit par un portique, une promenade d'hiver, soit par une galerie transversale, nous ne nous en occuperons pas. Le génie et l'expérience consommée du prince qui est à la tête du gouvernement, et à qui personne ne contestera le goût éclairé dans tout ce qui tient aux beaux-arts, doivent nous garantir que les projets qui seront adoptés feront du Carrousel la plus magnifique place de l'Europe : le Louvre à une des extrémités, la **Bibliothèque** circulaire au centre, le

---

* Ce genre de construction circulaire peut être adapté également à des bibliothèques de moindre importance; en ce cas on se bornerait à faire un bâtiment demi-circulaire en forme d'amphithéâtre ou d'éventail. Il y aurait une demi-rotonde au milieu et quatre galeries qui partiraient d'un centre commun; cette disposition réunirait l'économie, la commodité et l'élégance.

palais des Tuileries, l'obélisque de Luxor et les deux arcs de triomphe placés sur la même ligne, seront un assemblage unique dans le monde.

Je ne veux appeler ici l'attention que sur la Bibliothèque en elle-même; j'ai démontré les avantages que présente la forme circulaire, la facilité, l'économie, la simplicité de la construction, et je ne saurais trop insister sur cette forme. Un bâtiment de ce genre illustrerait le règne de Louis-Philippe et honorerait les Chambres qui l'auraient ordonné, et les ministres qui seraient chargés de l'exécution.

B. Delessert,
Député.

Décembre 1855.

PLAN DE LA NOUVELLE BIBLIOTHÈQUE CIRCULAIRE PROJETÉE.

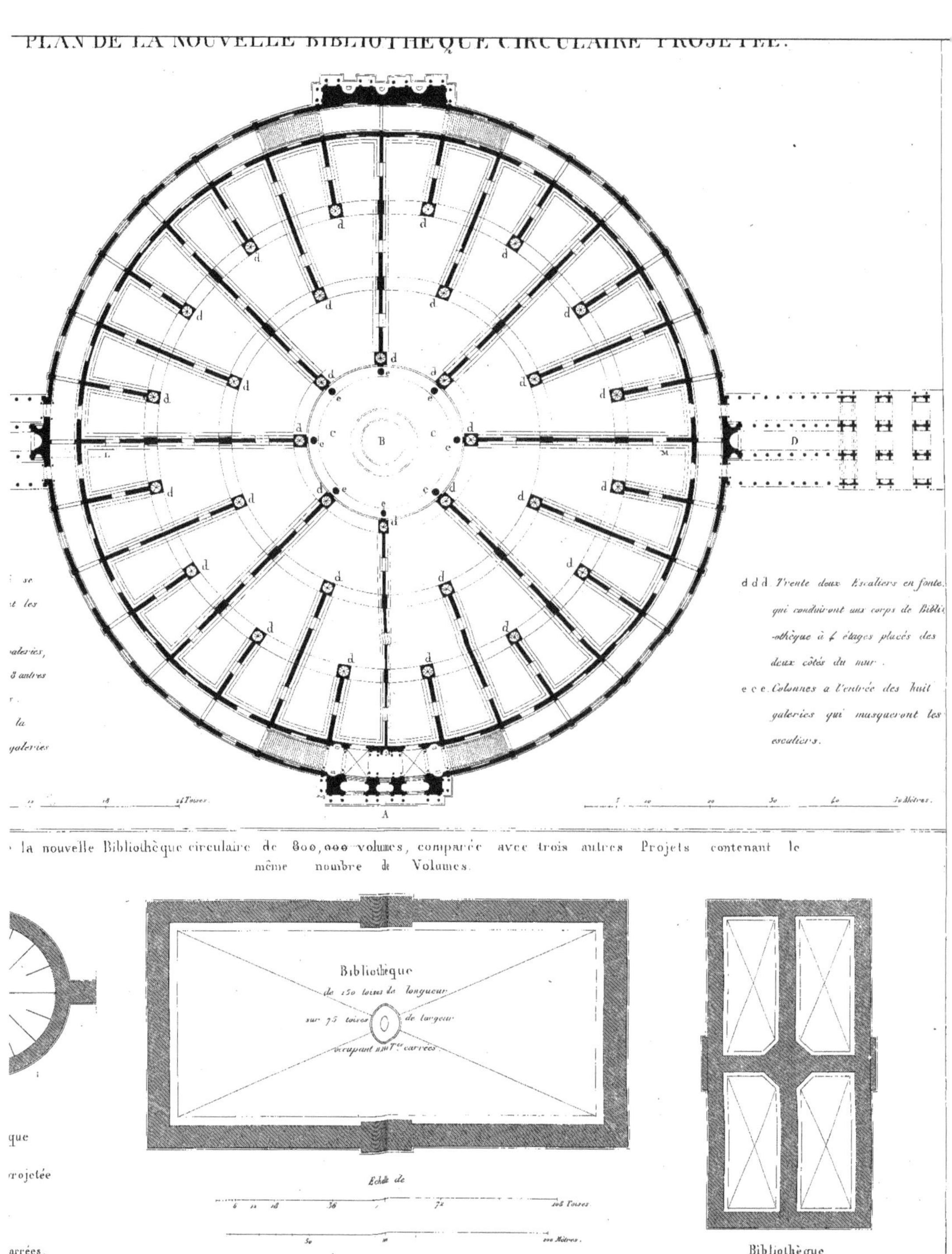

la nouvelle Bibliothèque circulaire de 800,000 volumes, comparée avec trois autres Projets contenant le même nombre de Volumes.

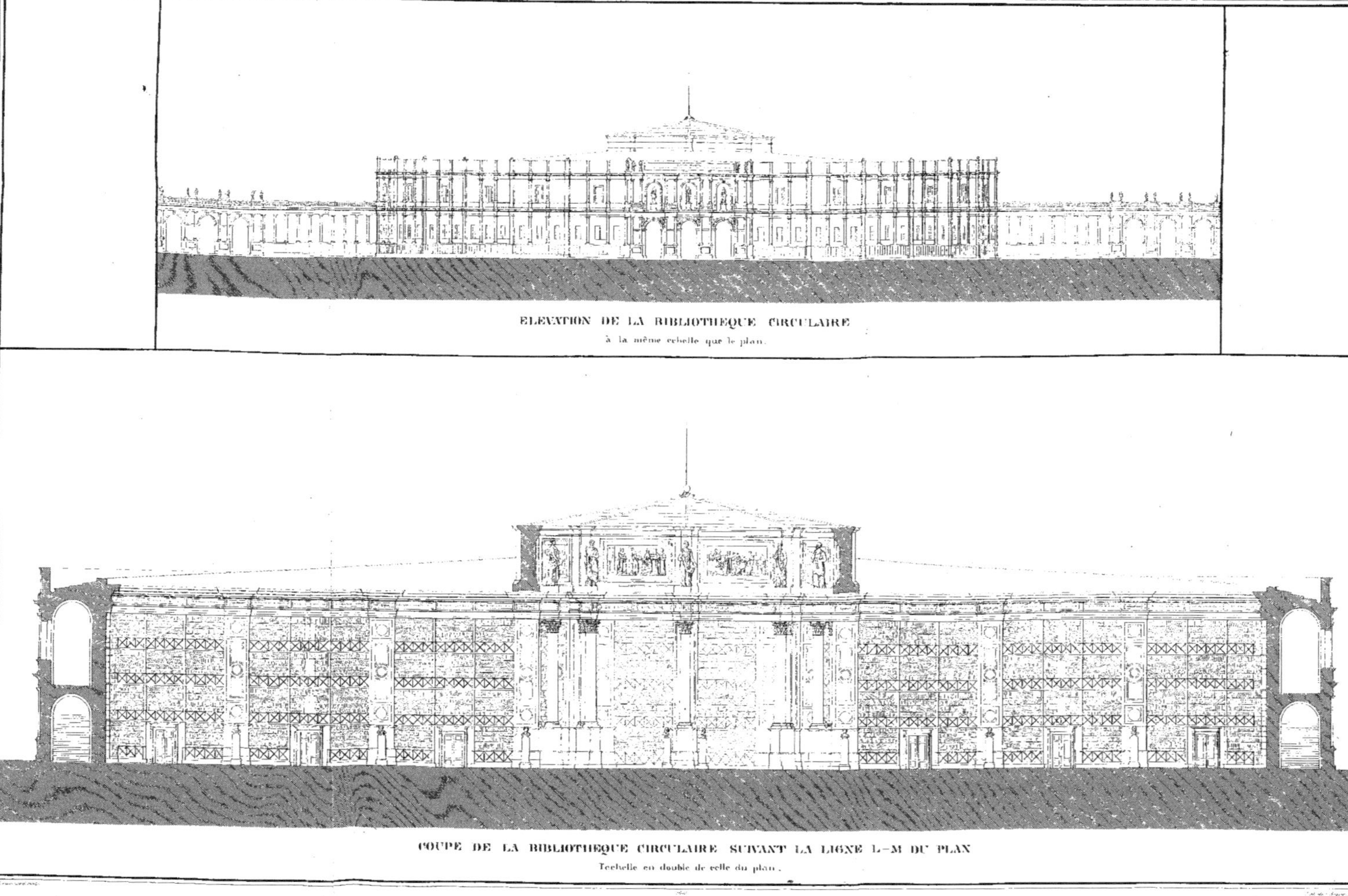

ELEVATION DE LA BIBLIOTHÈQUE CIRCULAIRE
à la même échelle que le plan.

COUPE DE LA BIBLIOTHÈQUE CIRCULAIRE SUIVANT LA LIGNE L—M DU PLAN
Échelle en double de celle du plan.

www.ingramcontent.com/pod-product-compliance
Lightning Source LLC
Chambersburg PA
CBHW051406060726
47596CB00005B/2102